6	7	8	9	10
16	17	18	19	20
26	27	28	29	30
36	37	38	39	40
46	47	48	49	50

mi primer
libro de
matemáticas

David y Wendy Clemson

DK

DORLING KINDERSLEY

LONDRES • NUEVA YORK • STUTTGART

UN LIBRO DORLING KINDERSLEY

Nota a los Padres y Maestros

Mi Primer Libro de Matemáticas es una forma práctica de estudiar los números, formas y patrones. Le ayudará a introducirle al niño algunos de los conceptos fundamentales de las matemáticas.

Estudie este libro junto con el niño para ayudarle a entender cómo se utilizan las matemáticas en la vida diaria. Trate de aprovechar todas las oportunidades para demostrarle la relevancia de las matemáticas tanto en casa como en la escuela. Aliéntelo a jugar con los acertijos y juegos en este libro de manera tal que empiece a disfrutar el pensar en ideas matemáticas y a percibir las matemáticas como algo divertido.

Es importante que el niño aprenda sobre las relaciones numéricas, los nombres y las características de las formas, las medidas estandar, y cómo manejar la información matemática; sin embargo, también es crucial que aprenda a utilizar las matemáticas como una herramienta intelectual y práctica. El alentar al niño a utilizar sus propios métodos para resolver problemas, así como sus propias palabras para expresar sus pensamientos y sugerencias, lo puede ayudar a darse cuenta de que en las matemáticas no siempre es necesario encontrar la respuesta "correcta".

Las ideas en este libro pueden ayudarle al niño a sentir una mayor confianza y a tener una actitud positiva en relación con las matemáticas, lo cual contribuirá a que logre mayor éxito en su trabajo escolar. Y lo que es más importante, el niño descubrirá que las matemáticas pueden ser algo profundamente enriquecedor durante toda su vida.

David y Wendy Clemson

Editora del Proyecto: Stella Love
Directora Artística: Sara Nunan

Editora Administrativo: Jane Yorke
Editora Artística Administrativa: Chris Scollen
Producción: Paola Fagherazzi
Fotografía: Steve Gorton y Alex Wilson
Editora en los Estados Unidos: B. Alison Weir

Primera Edición Americana en Español, 1995
2 4 6 8 10 9 7 5 3 1

Publicado en los Estados Unidos por
Dorling Kindersley, Inc., 95 Madison Avenue
New York, New York 10016

Library of Congress Cataloguing-in-Publication Data
Clemson, Wendy.
 [My first math book.   Spanish]
 Mi primer libro de matematicas / by Wendy and David Clemson. --
1st American ed.
   p. cm.
 ISBN 0-7894-0312-9
 1. Mathematics--Juvenile literature.   [1. Mathematics.
 2. Mathematical recreations.   3. Spanish language materials.]
 I. Clemson, David. II. Title.
 QA40.5.C5918   1995
 513--dc20   95-11938
                                                      CIP
                                                       AC

Reproducción a color de Colourscan
Impreso y encuadernado en Italia por L.E.G.O.

Contenido

Clasificando 8

Sumas y restas 10
Cómo contar en conjuntos 12

Tabla de cien cuadros 14
Multiplicaciones 16

Divisiones 18

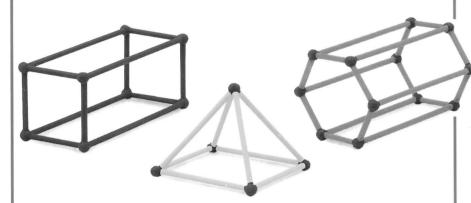

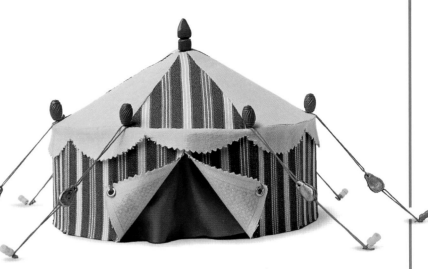

Clasificando

Distribuye los siguientes objetos en grupos.
Contesta las siguientes preguntas sobre qué
objetos van juntos.

Tienda de Sombreros

En la tienda de sombreros
hay un sombrero para
cada ocasión.

¿Qué sombreros llevarías a una fiesta?

¿Qué
sombreros
te pondrías
si hace frío
o llueve?

¿Qué sombreros te pondrías si brilla el sol?

Caja de botones

¿Cuántos botones verdes hay?
¿Cuántos botones son redondos?

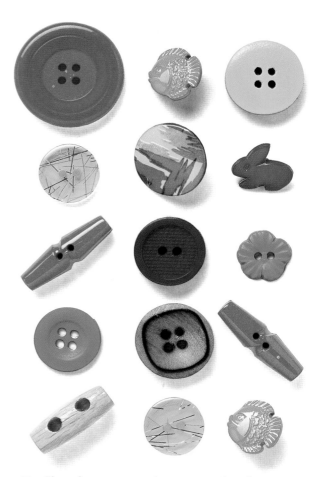

¿Cuáles botones tienen más de
dos hoyos?

Maleta

Solo te caben cuatro cosas en la maleta.
¿Qué cosas empacarías para ir a nadar?

**zapatos
tenis**

gorra de baño

pelota

goggles

pantuflas

toalla

**pantalón
corto**

trajes de baño

playera

pijama

bolsa de artículos de tocador

¿Qué cuatro cosas empacarías para
quedarte en casa de un amigo? ¿Qué
no te llevarías si vas a jugar al parque?

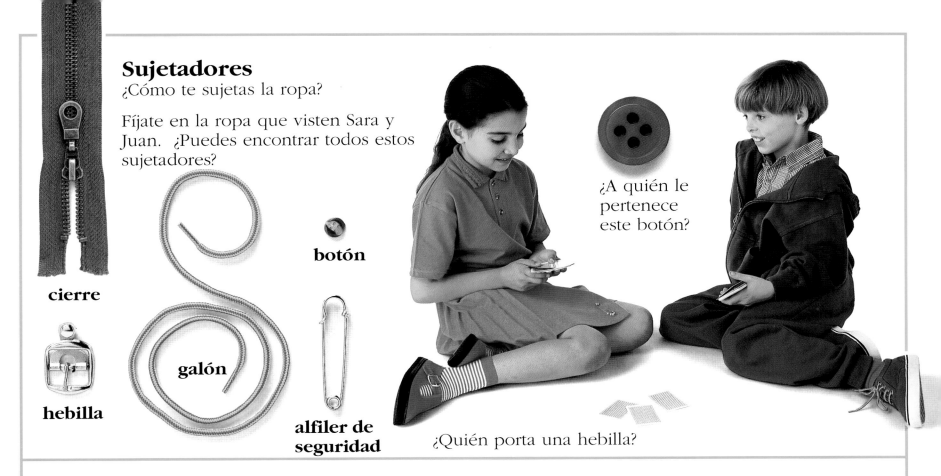

Sujetadores

¿Cómo te sujetas la ropa?

Fíjate en la ropa que visten Sara y Juan. ¿Puedes encontrar todos estos sujetadores?

cierre

hebilla

galón

botón

alfiler de seguridad

¿A quién le pertenece este botón?

¿Quién porta una hebilla?

Conjuntos de ropa

Daniel tiene esta ropa colgada en su armario. ¿Le puedes ayudar a escoger qué ponerse?

¿Cuántos conjuntos distintos se puede poner Daniel? No te olvides de contar los pantalones y playera que trae puestos.

Si se ensucia una de las camisas de Daniel ¿cuántos otros conjuntos le quedan?

Sumas y restas

Recuerda lo que ya sabes de sumas y restas.

2 aberturas para los ojos **más** 10 aberturas para los ojos **son igual a** 12 aberturas para los ojos

Sumas

Contando las aberturas de las máscaras, haz las siguientes **sumas**.

$2 + 10 = 12$

$12 = 2 + 10$

$10 + 2 = 12$

Restas

Ahora haz las siguientes **restas**.

12 aberturas para los ojos **menos** 10 aberturas para los ojos **son igual a** 2 aberturas para los ojos

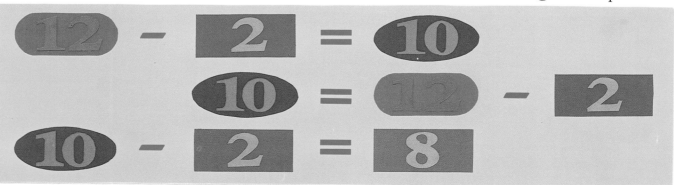

$12 - 2 = 10$

$10 = 12 - 2$

$10 - 2 = 8$

$10 = 3 + 3 + 4$

¿Qué números faltan?

Utiliza la línea de números en la parte de abajo de la página para que te sea más fácil hacer las siguientes sumas y restas.
¿Qué números faltan?

$$7 + 3 = 10$$

$$14 + 1 = 15$$

$$16 = 8 + 8$$

$$9 - 6 = 3$$

$$17 - 11 = 6$$

$$10 = 20 - 10$$

$$5 + 6 = 11$$

$$5 + 7 \quad 12$$

$$12 - 7 = 5$$

$$16 - 9 = 7$$

$$3 \quad 13 = 16$$

$$0 + 20 = 20$$

$$14 - 2 = 12$$

$$16 \quad 1 = 15$$

En esta hilera de ranas ¿qué número falta?

¿Qué pasa si pones el número 9 en lugar del 13?

$$5 + 2 + 13 \quad 14 = 5$$

$$13 \quad 6 + 11 + 8 + 3 + 4 + 1$$

¿Qué pasa si en esta línea pones 5 en lugar de 11 y 2 en lugar de 8?

11 **12** **13** **14** **15** **16** **17** **18** **19** **20**

17 – 6 = 11

Cómo contar en conjuntos

Responde a estas preguntas y practica el sumar conjuntos. La línea de números en la parte de abajo de la página te puede ayudar.

2

Conjuntos de dos
Cuenta de dos en dos para sumar el número de zapatos.

0 1 2 3 4 5 6

3

Conjuntos de tres
Cuenta las cerezas de tres en tres. ¿Puedes seguir contando de tres en tres?

4

Conjuntos de cuatro
Cuenta las patas de estos animales de cuatro en cuatro.

5

Conjuntos de cinco
Cuenta los dedos de cinco en cinco.

0 1 2 3 4 5 6 7 8 9 10 11 12 13 14 15 16 17 18 19 20 21 22 23 24 25 26 27

12 = 7 + 5

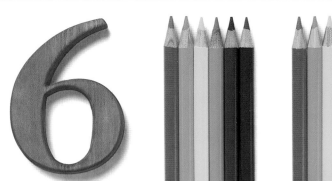

Conjuntos de seis
¿Cuántos lápices hay?
Cuéntalos de seis en seis.

Conjuntos de siete
¿Hasta qué número puedes contar de siete en siete? Utiliza como ayuda la línea de números abajo de la página.

Conjuntos de ocho
Cuenta de ocho en ocho y anota los números. ¿Hay un patron en estos números?

Conjuntos de nueve
¿Cuántos grupos de nueve coches hay en 36 coches?

Conjuntos de diez
Si tuvieras 50 bolos ¿cuántos conjuntos de 10 tendrías?

28 29 30 31 32 33 34 35 36 37 38 39 40 41 42 43 44 45 46 47 48 49 50

18 - 5= 13

Tabla de cien cuadros

Para responder a estas preguntas utiliza la tabla de cien cuadros en la siguiente página.

De dos en dos

El patrón para contar de dos en dos aparece en rojo.

Los números en los cuadros rojos se llaman números pares.

Todos los demás son números nones. ¿Qué es el número 18, par o non?

De tres en tres

Con el dedo traza el patrón de tres en tres en la tabla de cien cuadros.

Si cuentas de tres en tres ¿qué número viene antes del 18?

De cuatro en cuatro

Pon los botones en un patrón de cuatro en cuatro. ¿Cuántos botones necesitas?

De nueve en nueve

¿Qué números faltan en el patrón de nueve en nueve que aparece abajo?

Suma los **dígitos** de 18. $1 + 8 = 9$

¿Qué pasa si sumas los dígitos de los otros números del patrón de nueve en nueve en la misma forma?

De cinco en cinco

Cuenta de cinco en cinco utilizando la tabla de números.

¿Cuántos números aparecen en el patrón de cinco?

9 18 27 ? ? ?

63 72 81 90 99

14 = 7 + 7

1	2	3	4	5	6	7	8	9	10
11	12	13	14	15	16	17	18	19	20
21	22	23	24	25	26	27	28	29	30
31	32	33	34	35	36	37	38	39	40
41	42	43	44	45	46	47	48	49	50
51	52	53	54	55	56	57	58	59	60
61	62	63	64	65	66	67	68	69	70
71	72	73	74	75	76	77	78	79	80
81	82	83	84	85	86	87	88	89	90
91	92	93	94	95	96	97	98	99	100

20

Doses, cincos y dieces

Veinte encaja en los patrones de doses, cincos y dieces. Encuentra otros números que formen parte de más de un patrón.

5 + 5 + 5 = 15

Multiplicaciones

Encuentra las respuestas a estas **multiplicaciones**.
Utiliza las ilustraciones y línea de números abajo
de la página.

Veleros

Estos 3 conjuntos de 2 veleros cada uno son igual a un total de 6 veleros.

En números y **símbolos**, lo expresamos así.   Este símbolo significa conjuntos de, o **multiplicado por**.

Peces

Estos son 3 conjuntos de 4 peces cada uno. ¿Cuántos peces hay en total?

Estrellas de Mar

Estos son 2 conjuntos de 5 estrellas de mar cada uno. ¿Cuántas estrellas de mar
hay en total?

0 1 2 3 4 5 6 7 8 9 10 11 12 13 14 15 16 17 18 19 20 21 22 23 24 25 26 27

16 = 1 + 3 + 5 + 7

Anclas

¿Cuántas anclas hay?

$$1 \times 7 = \boxed{?}$$

Piedritas y conchas

¿Cuántas piedritas hay en 5 conjuntos de 5 piedritas cada uno?

$$5 \times 5 = \boxed{25}$$

¿Cuántas conchas hay en 2 conjuntos de 10 conchas cada uno?

$$2 \times 10 = \boxed{?}$$

Pregunta

En las multiplicaciones siguientes faltan los números que aparecen en las conchas. ¿A dónde van?

20   5   11   20   8

$$\boxed{30} = 5 \times 4 \qquad 10 \times \boxed{?} = 50$$

$$\boxed{?} = 4 \times 5 \qquad \boxed{11} \times 2 = 22$$

$$2 \times 2 \times 2 = \boxed{?}$$

28 29 30 31 32 33 34 35 36 37 38 39 40 41 42 43 44 45 46 47 48 49 50

$(4 \times 4) + 1 = 17$

Divisiones

Divide todos los objetos en estas páginas para que a todos los niños les toque igual.

Títeres

Hay seis títeres que se van a dividir entre Teresa, Rosa y José.

A cada uno de ellos le tocan dos títeres.

Imanes en forma de animal

Divide estos imanes entre Teresa, Rosa y José.

¿Cuántos imanes le tocan a cada uno?
¿Cuántos imanes en forma de rana le tocan a cada uno?

Mariposas

Divide las mariposas entre los tres niños.

18 = 2 + 2 + 2 + 2 + 2 + 2 + 2 + 2 + 2

Llaveros

¿A cuántas personas les puedes dar cinco llaveros?

Lápices y gomas de borrar

A cuántas personas les puedes dar un lápiz y una goma de borrar?

Regalos

¿A cuántas personas les puedes dar dos regalos?

Si hay diez personas ¿cuántos regalos le tocan a cada una?

Boletos para el zológico

Estos son boletos para el zológico. ¿Cuántas personas pueden ir a ver los animales?

2 + 2 + 2 + 2 + 2 + 2 + 2 + 2 + 2 + 1 = 19

Más divisiones

Aquí hay más problemas de **división** para que los resuelvas.

Compartiendo sandwiches

Estos niños tienen un total de cuatro sandwiches. ¿Cuántos le tocan a cada niño?

Tartas de fruta

Hay 2 tartas para cada uno de los 4 niños.
En números y símbolos seria:

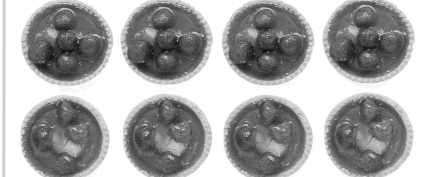

Esto significa compartido entre, o **dividido** entre

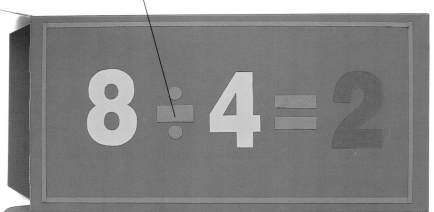

$$8 \div 4 = 2$$

8 tartas divididas entre 4 niños son igual a 2 tartas por niño.

Nueces, cacahuates y avellanas

¿Cuántas nueces, cacahuates y avellanas hay en total?   ¿Cuántos le tocan a cada uno de los cuatro niños?

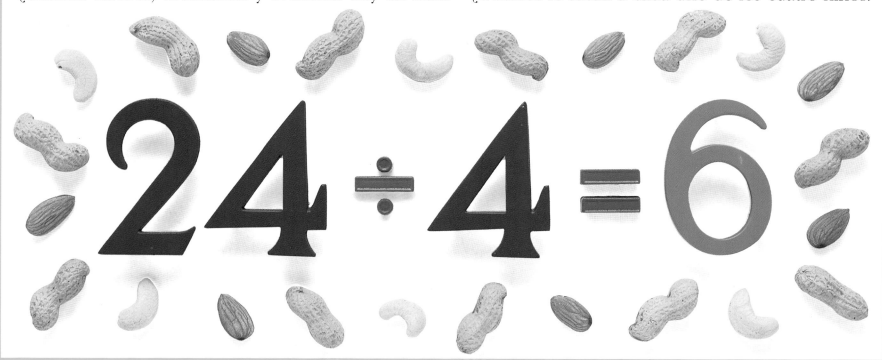

$$24 \div 4 = 6$$

Día de campo

Cinco personas se van de día
de campo y comparten la comida.
El dividir los sandwiches se puede
expresar así.

¿A qué objeto o platillo del día de
campo corresponden las siguientes
divisiones? Divídelos en partes iguales.

$$5 \div 5 = \blacksquare \qquad 15 \div 5 = \blacksquare$$

$$10 \div 5 = \blacksquare \qquad 25 \div 5 = \blacksquare$$

$$10 \div 2 = \blacksquare \bigcirc \qquad 9 \div 3 = \blacksquare = 3$$

$$18 \div 3 = \blacksquare \bigcirc \qquad 12 \div \bigcirc = \blacksquare = 2$$

$$20 \div 10 = \blacksquare \bigcirc \qquad 16 \div \bigcirc = \blacksquare = 4$$

Operaciones con naranjas

Encuentra las respuestas
a estas divisiones.

La línea de naranjas
abajo te puede ayudar a
encontrar las respuestas.

$(10 \times 2) + 1 = 21$

Formas y patrones

Todas las formas tienen un nombre que
las describe. Se pueden formar patrones
al juntar diferentes formas.

Formas planas

Las formas planas son **bidimensionales** o de
dos dimensiones. Esto significa que tienen
altura y ancho pero que no tienen profundidad.

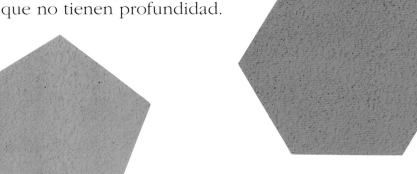

hexágono
Un hexágono
tiene seis lados.
¿Cuántos
hexágonos hay
en esta página?

pentágono
Un pentágono
tiene cinco
lados.

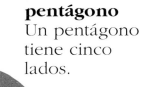

triángulo
Un triángulo
tiene tres lados.
¿Cuántas
esquinas tiene?

círculo
Cualquier punto del
círculo se encuentra
a la misma distancia
del centro.

rectángulo
Un rectángulo tiene
dos pares de lados
que corresponden y
cuatro esquinas que
corresponden.

cuadrilátero
Un cuadrilátero es una forma con cuatro lados.
¿Cuántos cuadriláteros hay en esta página?

cuadrado
Un cuadrado tiene cuatro
lados iguales y cuatro
esquinas que corresponden.

Preguntas sobre formas

Con cuatro cuadrados puedes hacer cinco patrones distintos como estos. Corta cinco cuadrados y triángulos de papel.

¿Cuántos patrones puedes formar con cinco cuadrados o con cinco triángulos?

Formas que embonan

Cuando las formas encajan sin que quede un espacio entre ellas, decimos que **embonan**.

¿Cuántas formas planas distintas hay en estos patrones?

¿En tu casa hay algún patrón que embone?

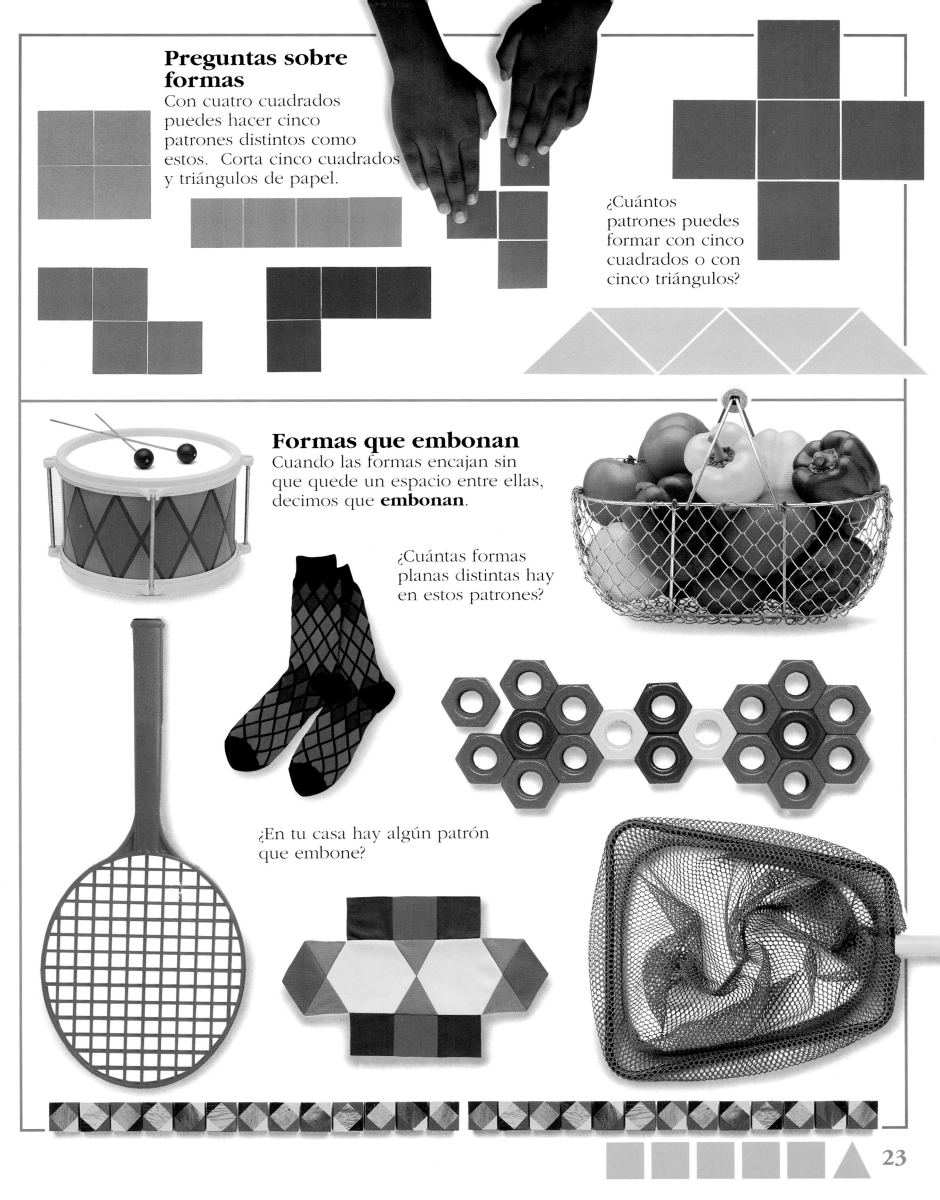

23

Formas sólidas

Se dice que las formas sólidas y huecas son **tridimensionales**. A la superficie plana de la forma tridimensional se le llama **cara**.

cubo
Un cubo tiene seis caras. Cada cara es un cuadrado.

pirámide
Esta pirámide tiene cuatro caras triangulares. ¿Cuántas caras cuadradas tiene?

esfera
Una esfera es una bola perfectamente redonda.

cono
El cono descansa sobre su única cara circular.

prisma triangular
El prisma triangular tiene dos caras triangulares. ¿Qué forma tienen las otras tres caras?

cilindro
El cilindro tiene dos caras circulares.

Prismas
Las caras de los extremos de los prismas pueden tener diferentes formas.

prisma rectangular
Paralelepípedo rectangular es otro término para prisma rectangular.

prisma hexagonal
¿Cuántas caras tiene un prisma hexagonal?

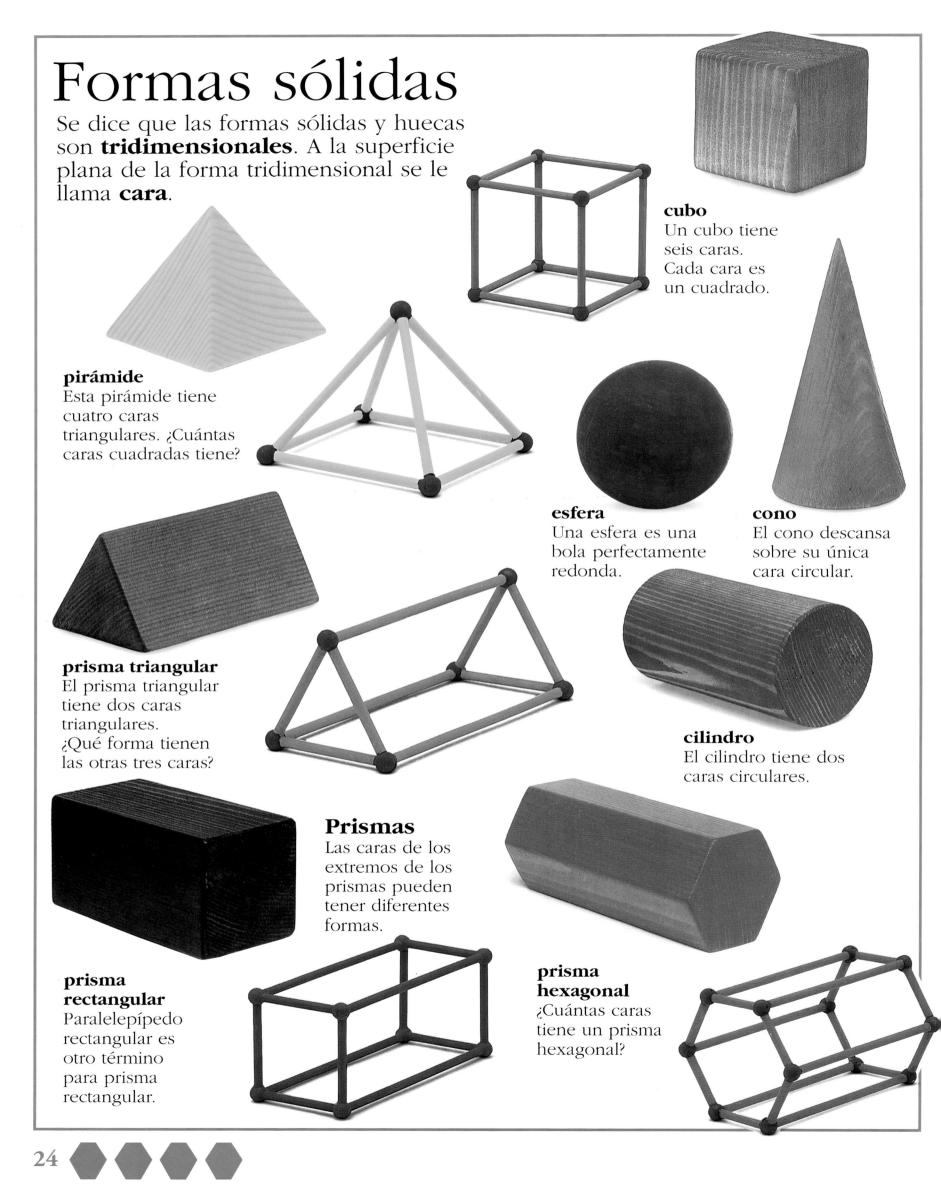

Plantillas

Si una figura tridimensional se extendiera por completo tendría la forma de una **plantilla**.

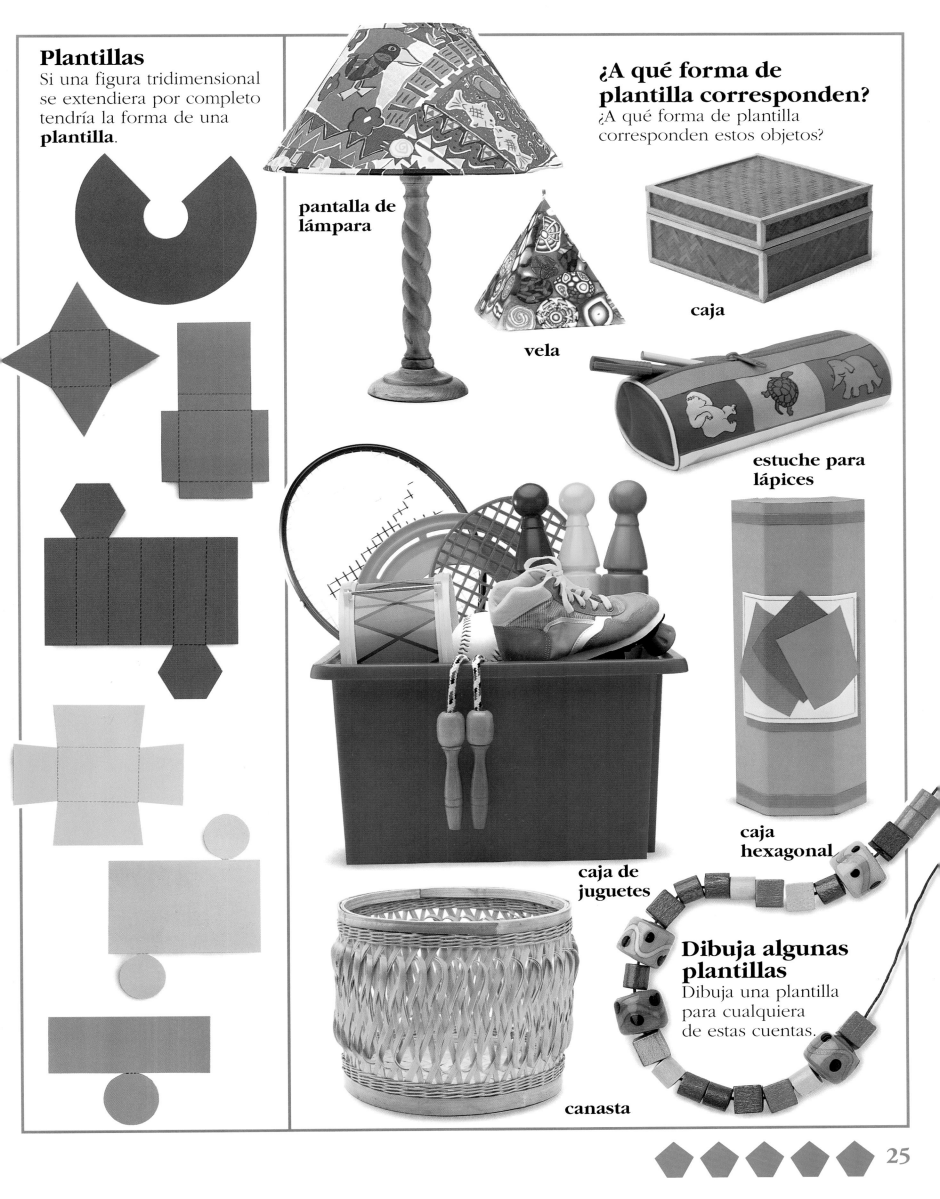

pantalla de lámpara

¿A qué forma de plantilla corresponden?

¿A qué forma de plantilla corresponden estos objetos?

vela

caja

estuche para lápices

caja hexagonal

caja de juguetes

canasta

Dibuja algunas plantillas

Dibuja una plantilla para cualquiera de estas cuentas.

Cómo medir la longitud

Las herramientas para medir pueden ser largas o cortas, flexibles o rectas, dependiendo de qué se desee medir.

Medidas

El largo de las cosas se puede medir en pulgadas, pies, y yardas, o en milímetros, centímetros, y metros.

¿Qué medidas utilizas tú?

cinta de medir

regla de acero

regla

Cómo medir a la gente

¿Puedes medir la cintura de tu amiga con una cuerda y una regla?

Mide a uno de tus amigos y mídete a ti mismo. ¿Quién es más alto?

¿Puedes medir la longitud de un paso largo?

¿Qué tan alto puedes saltar?

¿Quién tiene los brazos más largos?

Circunferencia

A la longitud completa alrededor de un objeto se le llama **circunferencia**.

¿Cuántas formas puedes encontrar para medir la circunferencia de un aro?

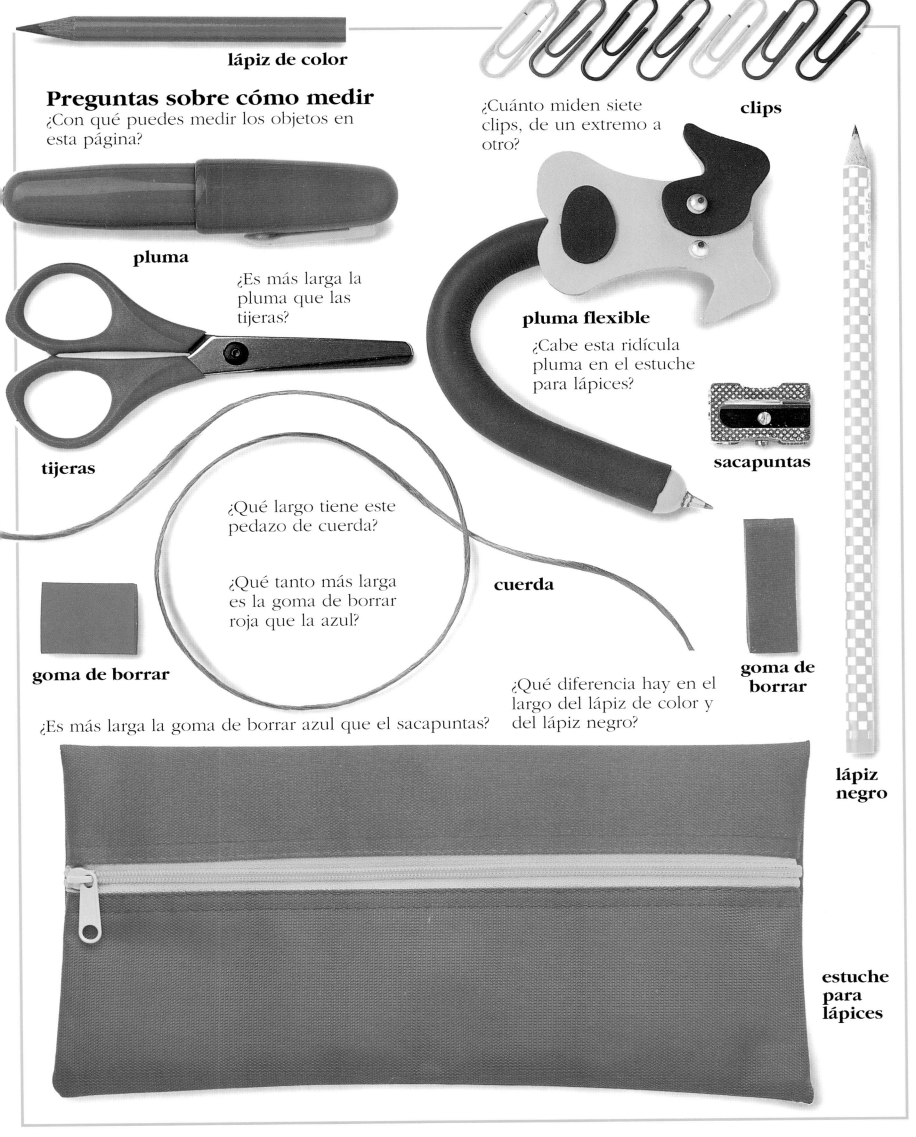

lápiz de color

Preguntas sobre cómo medir

¿Con qué puedes medir los objetos en esta página?

¿Cuánto miden siete clips, de un extremo a otro?

clips

pluma

¿Es más larga la pluma que las tijeras?

pluma flexible

¿Cabe esta ridícula pluma en el estuche para lápices?

sacapuntas

tijeras

¿Qué largo tiene este pedazo de cuerda?

¿Qué tanto más larga es la goma de borrar roja que la azul?

cuerda

goma de borrar

goma de borrar

¿Es más larga la goma de borrar azul que el sacapuntas?

¿Qué diferencia hay en el largo del lápiz de color y del lápiz negro?

lápiz negro

estuche para lápices

(6 x 4) + 3 = 27

Mitades y cuartos

Cuando algo se divide en partes iguales, a las partes se les llama **fracciones.** Estudia los ejemplos sobre manzanas y después responde a las preguntas.

Mitades

Si cortas una manzana en dos partes iguales, a cada una de ellas se le llama mitad.

Este es el símbolo para una **mitad**.

$\frac{1}{2}$

Dos mitades hacen un entero.

$\frac{1}{2}$

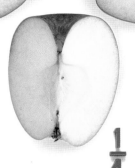

$\frac{1}{4}$

Este es el símbolo para un **cuarto**.

$\frac{1}{4}$

$\frac{1}{4}$

Cuartos

Si cortas una manzana en cuatro partes iguales, a cada una de ellas se le llama cuarto.

$\frac{1}{4}$

Cuatro cuartos hacen un entero.

Zanahoria

Si cortas una zanahoria en cuatro partes ¿qué fracción de la zanahoria entera representa cada parte?

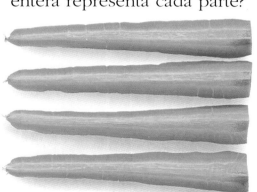

Pepino

Si cortas un pepino en dos partes iguales ¿cómo se le llama a cada parte?

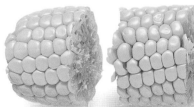

Postres de plátano

¿Cuánto plátano hay en cada postre?

Maíz

Si te comes tres cuartos del maíz ¿cuánto queda?

Naranja

Si queda un cuarto de naranja ¿cuánta te has comido?

$28 = 27 + \frac{1}{2} + \frac{1}{2}$

Botellas

La botella verde tiene la mitad de la altura de la botella roja. La botella azul tiene la mitad de la altura de la botella verde.

¿Qué botella tiene un cuarto de la altura de la botella roja?

Jugo

Pedro y Luisa tenían un vaso lleno de jugo cada uno. Pedro se ha bebido la mitad del suyo. ¿Cuánto se ha bebido Luisa?

Té

Hay ocho latas de té. Si alguien se lleva la mitad ¿cuántas latas quedan?

Si alguien se lleva una cuarta parte de las ocho latas ¿cuántas latas se llevó?

Tarta de fruta

Se emplearon seis manzanas y ocho cucharadas de harina para hacer esta tarta de manzana y zarzamora.

¿Cuántas manzanas y cucharadas de harina se necesitan para hacer una tarta de la mitad de tamaño?

Galletas

¿Cuántas galletas hay en medio paquete?

Preguntas sobre manzanas

Aquí hay tres mitades de manzana. ¿Cuántas manzanas hay en total?

Jarras

Estas jarras contienen jugo. ¿Qué jarra contiene un cuarto? ¿Qué tan llenas están las otras jarras?

Movimiento Circular

Cuando las cosas dan vuelta, o rotan, la forma de medir qué tanto dan vuelta es en **grados**.

Angulos

Si una rueda da una vuelta completa, gira 360 grados. A sólo parte de la vuelta se le llama **ángulo**.

A un cuarto de vuelta se le llama **ángulo recto**. Un ángulo **recto** mide 90 grados.

90° 90° 90° 90°

Este es el símbolo de grados.

en dirección de las manecillas del reloj

dirección opuesta a la de las manecillas del reloj

Dirección

Se dice que la dirección de la vuelta es en el sentido de las manecillas del reloj cuando gira de izquierda a derecha.

En dirección opuesta a la de las manecillas del reloj es cuando gira en dirección opuesta.

¿En qué dirección das vuelta a la llave para abrir un candado?

Probador de ángulo recto

Haz un probador de ángulo recto doblando una hoja de papel a la mitad y después otra vez a la mitad.

ángulo recto

Utiliza el probador para encontrar los ángulos rectos de algunos de estos objetos.

linterna

libro de mapas

candado y cadena

botella de agua

cartera

correa de gancho

bicicleta

¿Qué cosas en esta página no tienen ángulo recto?

maleta

Laberinto de ángulos

Sigue el camino amarillo y sólo da vuelta en ángulo
recto para llegar al tesoro en el centro del laberinto.
¿Cuántas vueltas en ángulo recto tienes que dar?

Cuál es la ruta más corta para salir del laberinto?
¿Cuántas de las vueltas que das son de ángulo recto?

**Empezar
aquí**

12 + 8 + 7 + 10 − 6 = 31

Peso y volumen

El peso es una medida que indica qué tan pesado es algo. El **volumen** es una medida de qué tanta capacidad tiene algo o de qué tanto espacio ocupa.

Líquidos
Los líquidos normal mente se venden por volumen en **onzas flúidas**. La abreviatura es **oz. fl**.

Sólidos
Las cosas sólidas, como el detergente para la ropa, se venden por lo que pesan en **onzas** (la abreviatura es **oz**.).

Estas dos cajas pesan 18 onzas, pero tienen un volumen diferente.

¿Tiene alguna importancia el que compres la caja más grande o la más pequeña?

18 oz.

18 oz.

8 fl.oz.   8 fl.oz.

Estas botellas contienen 8 onzas de líquido. ¿Cuál tiene sólo 4 onzas?

Artículos de Tocador
¿Cuáles de estas cosas se venden por peso y cuáles por volumen?

12 fl.oz.

baño de burbujas

8 fl.oz.

champú

10 oz.

sales para baño

3 fl.oz.

pasta de dientes

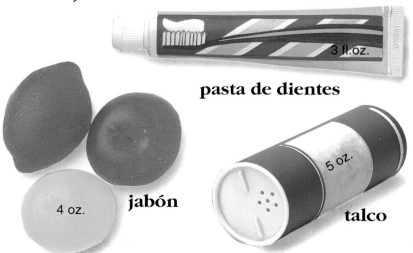
4 oz.   **jabón**

5 oz.

talco

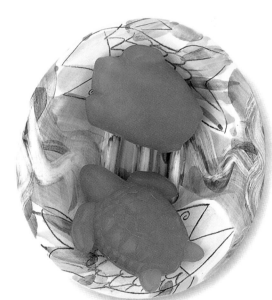

Jabón
Después de que usas una barra de jabón ¿cambia su peso?

¿Qué le pasa a su volumen?

Esponja
¿Una esponja para el baño pesa más cuando está mojada o seca? ¿Cambia su volumen cuando se moja?

32 = 2 + 4 + 6 + 8 + 6 + 4 + 2

Bolsas para artículos de tocador

¿En cuál de estas bolsas cabe todo lo que necesitas llevar en tus vacaciones?

¿Qué bolsa ocupa menos espacio en tu maleta?

Agua

El agua se utiliza para muchas cosas, como lavar la ropa, cepillarte los dientes, y lavarte el cabello.

¿Para cuál de estas tres cosas utilizas el mayor volumen de agua?

¿Para qué cosa utilizas el menor volumen de agua?

Juguetes de baño

¿Cuál de estos juguetes de baño pesa más?

¿Cuál es el juguete más ligero?

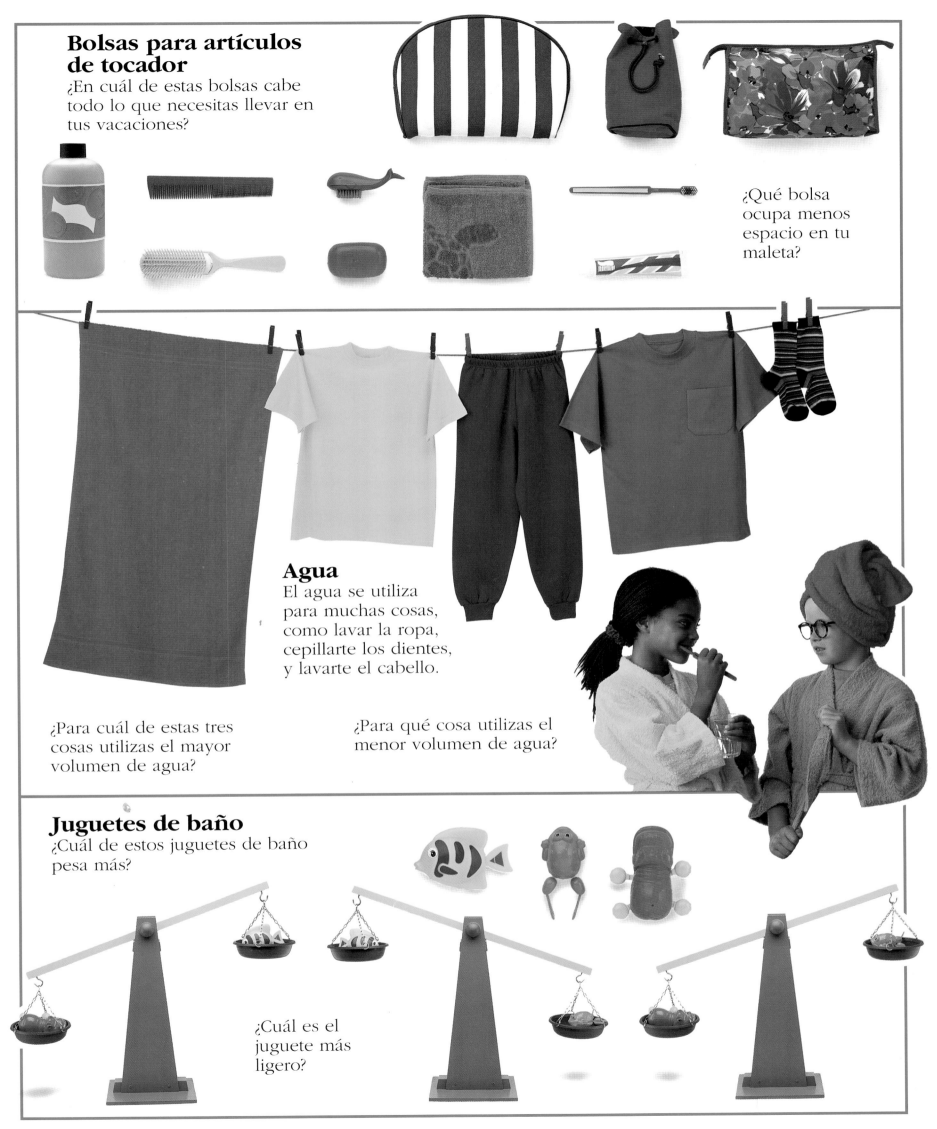

Simetría

Un objeto tiene simetría cuando tiene dos mitades que corresponden exactamente o cuando se ve igual cuando se voltea.

Simetría de espejo

Hay una simetría de espejo cuando las dos mitades se ven iguales. El espejo te ayuda a ver en dónde corresponden las dos mitades.

En las ilustraciones y formas planas, a la línea de espejo se le llama **línea de simetría**. En los objetos tridimensionales, se le llama **plano de simetría**.

Banderolas y tambor

Encuentra las líneas de simetría en estas ilustraciones de banderolas y tambor.

¿Cuáles banderas tienen más de una línea de simetría?

Gente

Observa de cerca a un amigo en un espejo como este. Si bien parece que corresponden las dos mitades, ninguna es exactamente simétrica.

Simetría rotativa

Las cosas que se ven igual cuando se voltean muestran una simetría rotativa.

Flor

¿Tiene la flor una simetría rotativa?

Sol de barro

¿Se va a ver distinto el sol si le das la vuelta?

Rehilete

¿Se va a ver igual el rehilete cuando gire?

34 = 1 + 2 + 4 + 6 + 8 + 6 + 4 + 2 + 1

Preguntas sobre simetría

¿Qué cosas muestran una simetría de espejo y cuáles una simetría rotativa?

Algunas cosas muestran los dos tipos de simetría. ¿Cuáles?

¿Qué cosas no son simétricas en lo absoluto?

10 + (10 x 2) + 5 = 35

Tiempo

El paso del tiempo se describe en siglos, años, meses, semanas, días, horas, minutos, y segundos.

Los dinosauros se extinguieron ¿hace años o hace siglos?

Tiempo pasado

¿Hace cuánto tiempo ocurrieron estas cosas?

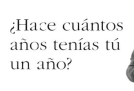

¿Hace cuántos años tenías tú un año?

¿Cuándo fue la última vez que salistes a caminar?

¿Hace cuántos meses empezó este año?

Tiempo presente

Adivina cuánto tiempo tiene que pasar para que ocurran estas cosas.

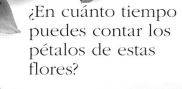

¿Cuánto tiempo tiene que pasar para que algunas semillas germinen?

¿En cuánto tiempo puedes contar los pétalos de estas flores?

Si lanzas unas hojas al viento ¿en cuánto tiempo caen al piso?

¿En cuánto tiempo llenas una hoja de tu cuaderno sobre la naturaleza?

Tiempo futuro

¿En cuanto tiempo ocurren estas cosas? ¿En minutos, horas, días, semanas, o años?

¿En cuanto tiempo crece por completo un cachorro?

¿En cuánto tiempo va a ser tu cumpleaños?

La fruta se echa a perder. ¿En cuánto tiempo hay que comerse estas fresas?

¿A qué hora te vas a la cama? ¿Cuánto falta para esa hora?

36 = (12 x 3) ÷ 1

¿Qué hora es?

Las dos manecillas avanzan lentamente alrededor de la esfera del reloj para indicarte la hora.

Las manecillas del reloj siempre avanzan en esta dirección.

La manecilla larga te indica los minutos. En una hora recorre toda la esfera del reloj. Cuando señala exactamente las 12, te está indicando que es una hora exacta.

Dos y cuarto
Cuando la manecilla larga apunta al 3, ha avanzado un cuarto de la esfera del reloj.

Dos y media
Cuando la manecilla larga apunta al 6, ha avanzado la mitad de la esfera del reloj.

Cuarto para las tres
Cuando la manecilla larga apunta a las 9, ha avanzado tres cuartos de la esfera del reloj. Le falta avanzar un cuarto.

La manecilla corta te indica la hora. Aquí apunta a las 2. En 12 horas da toda la vuelta a la esfera del reloj.

Dos en punto
Este reloj indica que son las dos en punto.

Minutos

Hay 60 minutos en una hora. La manecilla larga indica cuántos minutos han transcurrido.

La manecilla larga ha recorrido 55 minutos. Le quedan 5 minutos de la hora por recorrer.

Hay 5 minutos entre cada número en la esfera del reloj.

La manecilla corta casi está en el 9.

Cinco para las nueve
Las dos manecillas juntas indican que la hora es 5 minutos para las 9.

Pregunta sobre el reloj
¿Qué hora indican estos relojes?

Gráficas

A los diagramas que aparecen en estas páginas se les llama **gráficas**. Con la ayuda de las gráficas encuentra las respuestas a las preguntas relativas a números.

Vacaciones de verano
Esta gráfica muestra adonde algunos niños pasaron sus vacaciones de verano.

¿Cuántos niños fueron a las montañas? ¿Cuál fue el lugar preferido por un mayor número de niños?

6

5

4

3

2

1

| rancho | playa | montañas |

Un fin de semana divertido
Esta gráfica muestra las distintas cosas que hicieron algunos niños durante el fin de semana.

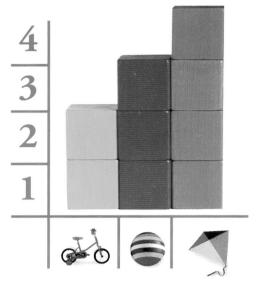

¿Cuántos niños jugaron pelota?
¿Cuántos niños anduvieron en bicicleta?
¿Qué actividad realizó la mayoría de los niños?

Cuentas de color
¿Cuántas cuentas de color necesitas para hacer este collar?

¿Cuántas cuentas necesitas en total? Utiliza la gráfica como una ayuda.

Alto y bajo

En esta gráfica se utilizan huellas para mostrar la altura de estos niños. Las alturas están marcadas en la gráfica con una línea verde.

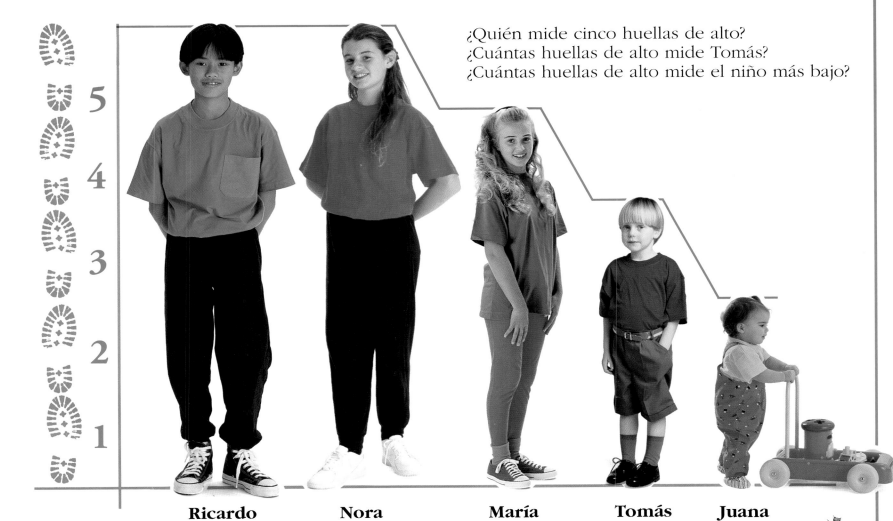

¿Quién mide cinco huellas de alto?
¿Cuántas huellas de alto mide Tomás?
¿Cuántas huellas de alto mide el niño más bajo?

Ricardo **Nora** **María** **Tomás** **Juana**

Mascotas contentas

¿Qué mascota tiene más cosas que le gusten?

¿Tiene el perico más cosas que le gustan que el perro?

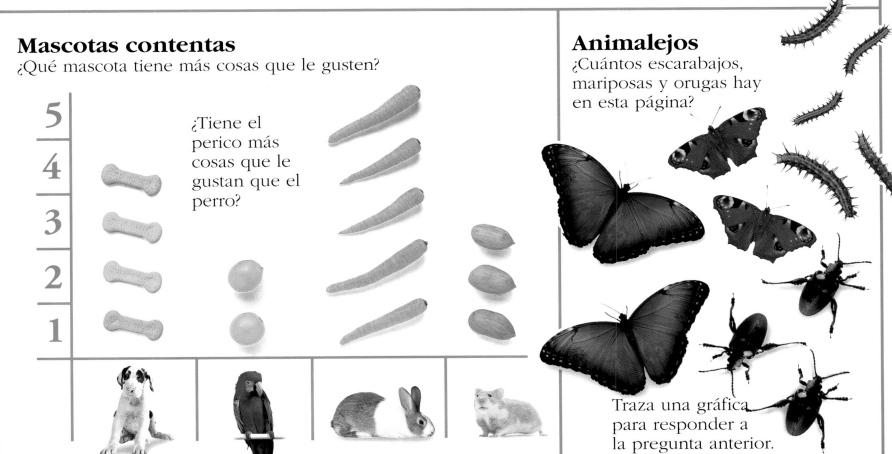

Animalejos

¿Cuántos escarabajos, mariposas y orugas hay en esta página?

Traza una gráfica para responder a la pregunta anterior.

25 + 14 = 39

Calculadoras

Una calculadora es la máquina que te ayuda a encontrar, o calcular, las respuestas a todo tipo de ecuaciones matemáticas.

Calculadora

Enciende tu calculadora. ¿Qué aparece en la pantalla cuando oprimes algunas de las teclas de número? ¿Cuál botón borra la pantalla?

Este es el **punto decimal**

1.1

Oprime el botón 1. Ahora oprime la tecla del punto decimal. Vuelve a oprimir 1. ¿Aparece este número en la pantalla?

pantalla

tecla de división

tecla de multiplicación

tecla de resta

tecla de suma

tecla de decimal

tecla de igual

Decimales

Los números después del punto decimal son fracciones de un entero. Un número después del punto muestra una fracción del entero en décimas. Dos números después del punto muestran las fracciones en centésimas.

Utiliza tu calculadora para ir de compras

Suma los precios con tu calculadora. Empieza con este ejemplo.

Enciende la calculadora y oprime 3. A continuación oprime el punto decimal, después 2, y después 4.

$3.24

+

$3.98

Oprime la tecla de suma. Teclea 3.98 y oprime la tecla de igual.

=

$7.22

¿Aparece 7.22 en la pantalla? Ahora borra la pantalla.

Etiquetas de precio
Suma los siguientes precios.

$14.0

+

$3.00

+

$5.20

=

?

$5.98

+

$1.70

+

$2.16

+

$2.42

=

?

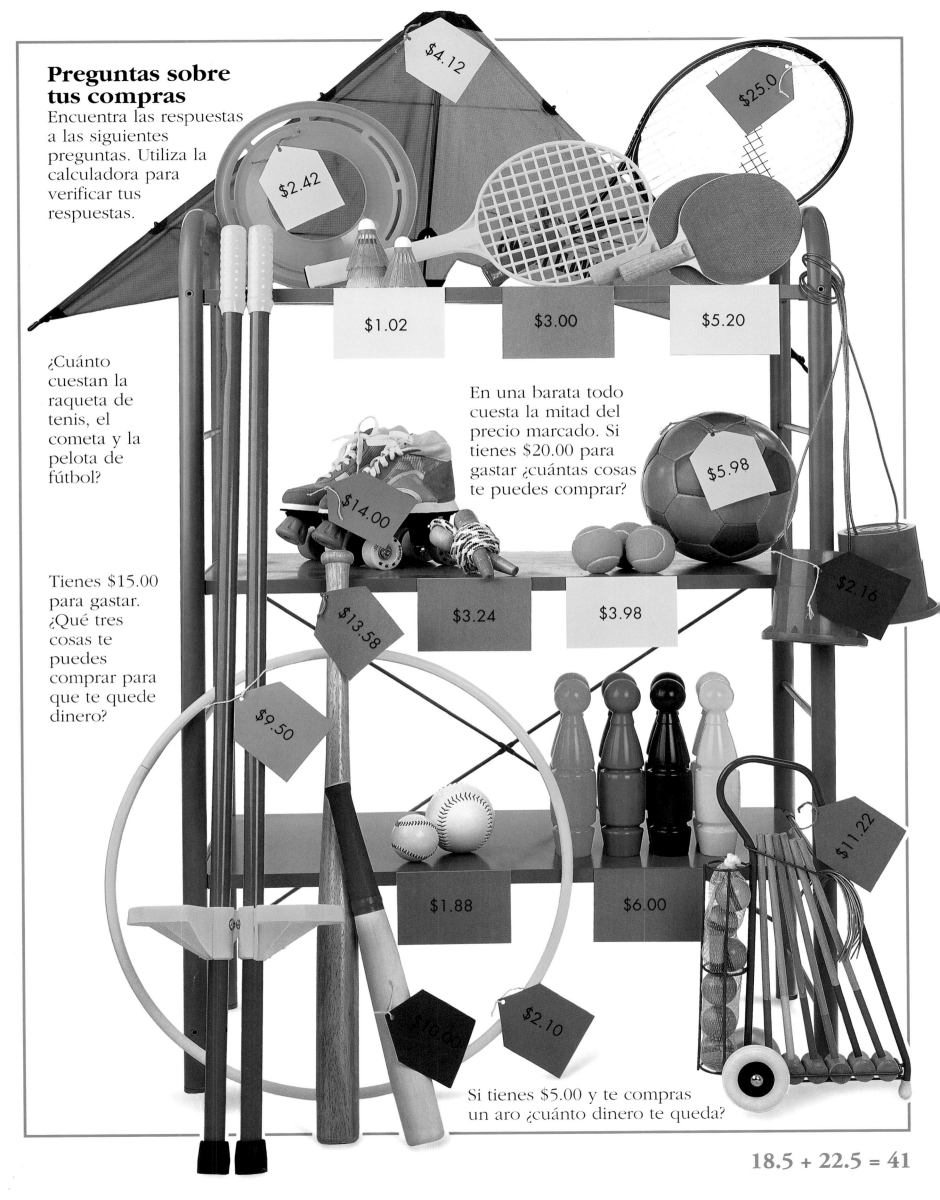

Preguntas sobre tus compras

Encuentra las respuestas a las siguientes preguntas. Utiliza la calculadora para verificar tus respuestas.

$4.12

$25.0

$2.42

$1.02

$3.00

$5.20

¿Cuánto cuestan la raqueta de tenis, el cometa y la pelota de fútbol?

En una barata todo cuesta la mitad del precio marcado. Si tienes $20.00 para gastar ¿cuántas cosas te puedes comprar?

$14.00

$5.98

$2.16

Tienes $15.00 para gastar. ¿Qué tres cosas te puedes comprar para que te quede dinero?

$13.58

$3.24

$3.98

$9.50

$11.22

$1.88

$6.00

$10.00

$2.10

Si tienes $5.00 y te compras un aro ¿cuánto dinero te queda?

Respuestas

He aquí muchas preguntas para que veas cuánto sabes.

Formas

¿Cuántos nombres de las siguientes formas conoces?

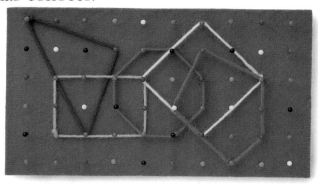

Angulos

¿Cuál de estos ángulos es un ángulo recto?

¿Cuántos grados hay en un ángulo recto?

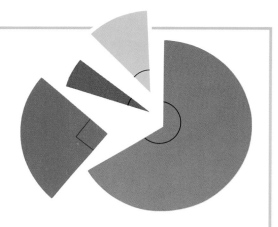

Mide la longitud

Calcula cuánto mide el borde alrededor de este libro. Ahora mídelo. ¿Qué tanto te acercaste a la respuesta correcta?

Reto utilizando la calculadora

Haz estas divisiones utilizando la calculadora.

$$1 \div 2 = ?$$
$$1 \div 4 = ?$$

¿Obtuviste las respuestas que esperabas?

Simetría

¿Qué le podrías hacer al patrón de este naipe para que fuera simétrico en dos direcciones?

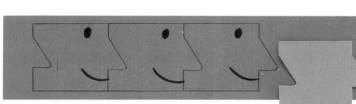

Cara embonada

Haz una forma de cara embonada con una cartulina cortada igual que esta.

Cumpleaños

Isabel tiene 1 año diez días menos que Carlos. ¿Qué edad va a tener Carlos cuando Isabel cumpla 8 años?

Multiplicación

Si hay 10 flores en un ramo. ¿Cuántas flores habrá en 5 ramos?

42 = 41.9 + 0.1

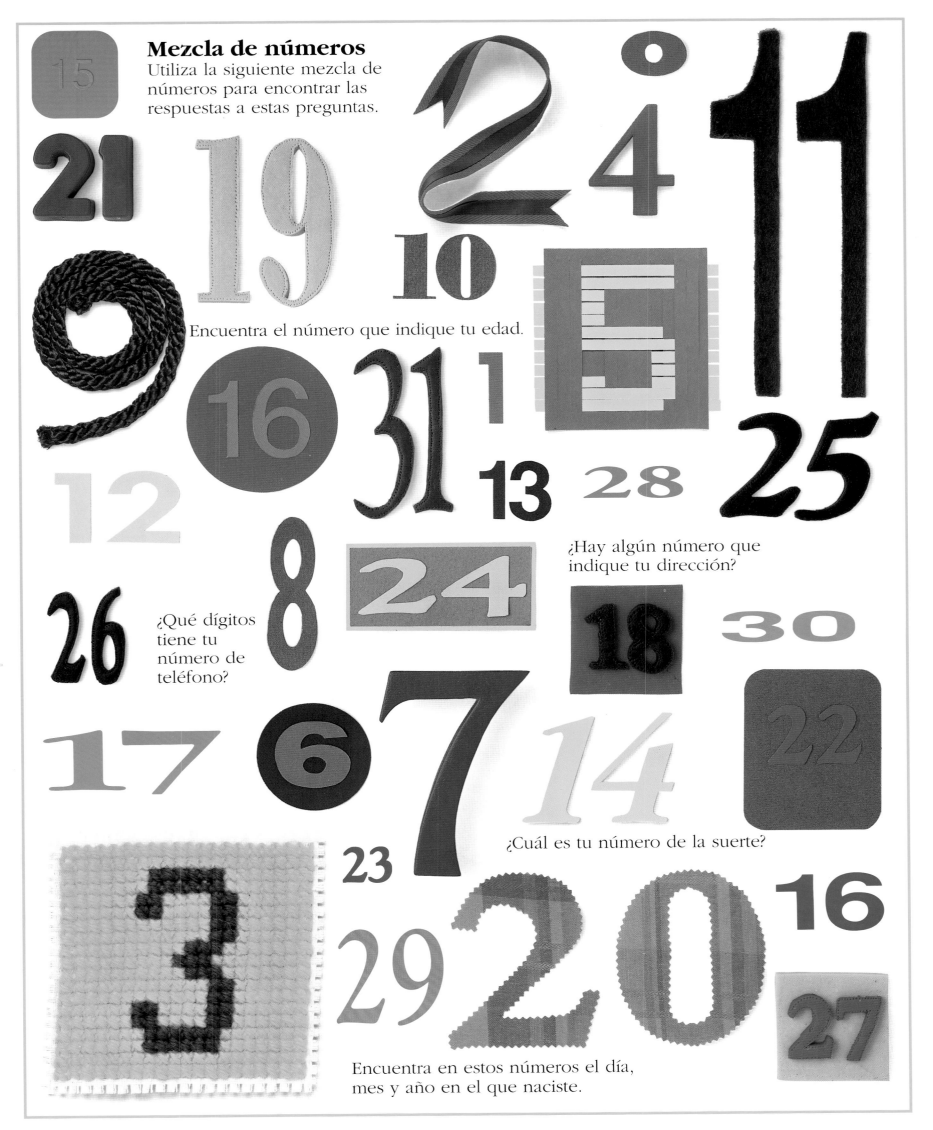

Mezcla de números

Utiliza la siguiente mezcla de números para encontrar las respuestas a estas preguntas.

Encuentra el número que indique tu edad.

¿Hay algún número que indique tu dirección?

¿Qué dígitos tiene tu número de teléfono?

¿Cuál es tu número de la suerte?

Encuentra en estos números el día, mes y año en el que naciste.

Colectivos

¿Cuáles de estas palabras conoces?

Número de músicos

Estas palabras indican el número de músicos.

1 = solista   5 = quinteto
2 = dueto   6 = sexteto
3 = trio   7 = septeto
4 = cuarteto   8 = octeto

Bebés

Hay palabras para describir a los hermanos que nacen el mismo día y año.

2 bebés = gemelos
3 bebés = triates
4 bebés = cuádruples
5 bebés = quíntuples

Palabras que indican tiempo

Hay 60 segundos en un minuto.
Hay 60 minutos en una hora.
Hay 24 horas en un día.
Hay 7 días en una semana.
Hay 52 semanas en un año.
Hay 12 meses en un año.
Hay 100 años en un siglo.
Hay 1000 años en un milenio.

Año bisiesto

Hay 365 1/4 días en un año. Decimos que hay 365 días en un año normal y después cada cuatro años agregamos un día más y lo llamamos año bisiesto.

366

Números grandes

Para que los números grandes sean más fáciles de leer, intercalamos una coma entre cada grupo.

diez	10
cien	100
mil	1,000
diez mil	10,000
cien mil	100,000
millón	1,000,000
mil millones	1,000,000,000
billón	1,000,000,000,000

¿Cuántos ceros hay en un número al infinito?

al infinito

10,000,000,000,000,000,000,000,000,000,000,000,000,000,000,000,000,0

Glosario

ángulo
Qué tanto se da vuelta. Se mide en grados (página 30).

ángulo recto
Un giro de 90 grados. (página 30).

bidimensional
Plano, con alto y ancho pero sin profundidad o espesor. Un cuadrado es una forma bidimensional. (página 22).

cara
La superficie plana de una forma sólida. (página 24).

centímetro (cm)
Una medida de longitud. Hay 100 centímetros en 1 metro. (página 26).

circunferencia
La distancia alrededor de una forma. (página 26).

cuarto
Medida de volumen de líquidos. Hay 32 onzas fluidas en un cuarto. (página 32). También cuando algo se corta en cuatro partes iguales, cada parte es un cuarto. (página 28).

digitar
Oprimir las teclas o botones de control de una calculadora o del teclado de una computadora para poner en la máquina números, letras, o comandos. (página 26).

dígito
Un símbolo que indica números. 0, 1, 2, 3, 4, 5, 6, 7, 8, y 9 son dígitos. (página 14).

dividir entre (÷)
Distribuir algo en partes iguales. A este tipo de cálculo se le llama **división**. (página 16).

embonar
Hacer encajar formas planas sin dejar ningún espacio entre ellas. Se pueden hacer embonados utilizando una, dos, o más formas planas juntas, una y otra vez. (página 23).

fracción
Parte de un entero. Una mordida de una pera es una fracción de la pera. (página 28).

grado (˚)
Los ángulos se miden en grados. Hay 360 grados en una vuelta completa. (página 30).

gráfica
Representación de datos numéricos. (página 38).

igual a (=)
Esto significa "lo mismo que". (página 10).

juego
Grupo de cosas que de alguna manera van juntas. (página 8).

libra (lb)
Medida de peso. Hay 2,000 libras en una tonelada. (página 32).

línea de
Línea imaginaria hacía abajo o a lo largo de una **simetría** imagen o forma plana, en donde se podrían cortar dos mitades iguales. (página 34).

más (+)
Otra forma de decir "sumar". (página 10).

menos (–)
Otra forma de decir "restar". (página 10).

metro (m)
Una medida del longitud. (página 26).

milímetro (mm)
Medida pequeña de longitud. Hay 10 milímetros en 1 centímetro. (página 26).

mitad
Cuando algo se corta en dos partes iguales, cada una de las partes es una mitad. (página 28).

multiplicar
Sumar el mismo número muchas veces. 2+2+2, ó 3

por (x)
conjuntos de 2, es lo mismo que 3 multiplicado por 2. A este tipo de cálculo se le llama **multiplicación**. (página 16).

onza (oz)
Medida de peso. Hay 16 onzas en una libra. (página 32).

onza fluida (oz. fl.)
Medida pequeña de volumen. Hay 32 onzas fluidas en un cuarto. (página 32).

pie
Medida de longitud. Hay 3 pies en una yarda. (página 26).

plano de simetría
Línea imaginaria hacia abajo o a lo largo de la parte de en medio de un objeto sólido, en donde se podría cortar en dos mitades iguales. (página 34).

plantilla
La forma que tendría una forma sólida si se extendiera abierta y plana. (página 25).

pulgada
Medida de longitud. Hay 12 pulgadas en un pie. (página 26).

punto decimal (.)
Símbolo que muestra que los números a la derecha del mismo son partes de un número entero. (página 40).

quitar
Disminuir, rebajar. Esta es otra forma de decir "menos". (página 10).

restar (–)
Quitarle un número a otro número para ver cuántos quedan. A este cálculo se le llama **resta**. (página 10).

símbolo
Signo que representa determinada información en una forma sencilla y corta. (página 16).

sumar (+)
Agregar dos o más números para sacar el total. A este tipo de cálculo se le llama **suma**. (página 10).

volumen
La cantidad de espacio que algo ocupa, o la capacidad que tiene. (página 32).

yarda
Medida de longitud. Hay 36 pulgadas, o 3 pies, en una yarda. (página 26).

Reconocimientos

Fotografía adicional: Paul Bricknell, Andy Crawford, Philip Dowell, Michael Dunning, Andreas Einsiedel, Jo Foord, Dave King, Stephen Oliver, Daniel Pangbourne, Susanna Price, Tim Ridley, Karl Shone, Steve Shott, y Jerry Young. **Modelos:** Donks Models, Simon Money, y Paul Scannell. **Diseño de la portada:** Chris Branfield. **Diseño adicional:** Mandy Earey y Peter Radcliffe. Dorling Kindersley quisiera agradecerles a los siguientes niños por haber aparecido en este libro: Annette Afflick, Sean Allkins, Jason Archie, Marvin Campbell, Dean Cook, Ebru Djemal, Hugo Edwards, Hêloise Evans, Sophie Gamba, Kelly Gómez, Tony Hans, Samantha Ho, Emel Karacan, Daniel Lawrence, Andrew Linnet, Yuksel Mustafa, Keat Ng, Charlotte Raynsford, Jack Richards, Jeremy Smith, Barnaby Spiegel, Naomi Terry, Melanie Voice, Georgette Walford, Shaun White, y Michele Woolf.

000,000,000,000,000,000,000,000,000,000,000,000,000,000,000,000,000

$1 + 2 + 3 + 4 + 5 + 6 + 7 + 8 + 9 = 45$

51	52	53	54	55
61	62	63	64	65
71	72	73	74	75
81	82	83	84	85
91	92	93	94	95